AF509639

TELEMAQUE,

TRAGEDIE.

FRAGMENTS DES MODERNES.

REPRE'SENTE'E POUR LA PRE'MIERE FOIS

PAR L'ACADEMIE ROYALE DE MUSIQUE,

L'onziéme jour de Novembre 1704.

A PARIS,

Chez CHRISTOPHE BALLARD, seul Imprimeur du Roy
pour la Musique, ruë S. Jean de Beauvais, au Mont-Parnasse.

M. DCC. IV.

Avec Privilege de Sa Majesté.

LE PRIX EST DE TRENTE SOLS.

AVERTISSEMENT.

ON trouvera dans cet Ouvrage, ce que j'ay vû souhaiter à plusieurs Personnes ; que cinq ou six Musiciens habiles vouluffent d'intelligence composer un *Opera.* Aprés avoir donné les Fragments de Monfieur de Lully, qui eurent un succés favorable, je fus chargé de faire les Fragments des *Opera* Modernes que l'on ne veut pas remettre entiers sur le Théatre. Pour en faire quelque chose de singulier, j'entrepris de les rendre intereffants en y mettant une action, cela parut d'abord impoffible ; mais le desir de plaire au Public m'a fait réfifter aux difficultez, & aux Conseils de mes amis, qui sembloient m'en détourner. J'ay choifi le sujet de TELE'MAQUE, j'en ay fait le plan d'une Tragedie, que j'ay compofée des plus beaux morceaux de Mufique, que les Connoiffeurs m'ont indiquez, ou que j'ay vû moi-méme aplaudir au Théatre. Cet Ouvrage peut être comparé à un Cabinet paré de tableaux choifis de differents Maîtres. J'efpere que le Public donnera fon fuffrage à un tout, dont il a déja approuvé chaque partie.

J'ay placé en marge dans ce Livre le nom des Auteurs dont je me fuis fervi ; & j'ay marqué par doubles Virgules les Vers de liaifon que j'ay faits, & que Monfieur Campra a mis en Mufique.

Noms des *Actrices* & des *Acteurs* chantants dans tous les Chœurs du Prologue, & de la Tragedie.

MESDEMOISELLES.

Cénet.	Guillet.	Loignon.	Le Brun.
Dupeyré.	Baffet.	Roffard.	Poirier.
Duval.		Dujardin.	

MESSIEURS.

Prunier.	La Cofte.	Defvoys.	Lebel.
Courteil.	Cadot.	Mantienne.	Le Sage.
Solé.	Jolain.	Alexandre-L.	
Renard.		Alexandre-C.	

PERSONNAGES
DU PROLOGUE.

LA FE'LICITE',   Mademoiselle Maupin,
LE PRINTEMPS, Monsieur Cochereau.

Suite de la FE'LICITE'.

Suite du PRINTEMPS.

DIVERTISSEMENT
du Prologue.

SUITE DE LA FE'LICITE'.

Mesdemoiselles Provost, Le Févre, Bassecour,
& le Comte.

BERGERS.

Messieurs Germain, Bouteville, Dumoulin-L.,
& Levesque.

UNE BERGERE.

Mademoiselle Dangeville.

UN PASTRE.

Monsieur Dumoulin-C.

PROLOGUE.

PROLOGUE.

Le Théatre repréfente une Campagne
agréable.

SCENE PREMIERE.

LA FELICITE' qui defcend du Ciel,
BERGERS & BERGERES.

Chœur de Bergers, affis fur des Rochers, & fur des Gafons.

Defcendez, defcendez, Divinité
   charmante,
Faites chez les Humains briller tous
   vos appas ;
Déja tout enchante,
Tout rit icy bas.
Defcendez, defcendez, Divinité charmante,
Faites chez les Humains briller tous vos appas.

a

LA FELICITE'.

Rendez graces, Mortels, au Maître du Tonnerre,
Le Ciel est le séjour qui me fut destiné,
Le sort même avoit ordonné
Que je fusse toûjours inconnuë à la Terre,
Cependant Jupiter par des ordres plus doux
Veut que je me partage entre les Dieux & vous.

Entrée de la Suite de la FELICITE'.

SCENE SECONDE.

LA FELICITE', LE PRINTEMPS.

Suite du PRINTEMPS.

LE PRINTEMPS.

„ *DEesse, pour faire renaître*
„ *D'un Siecle fortuné les tranquilles plaisirs,*
„ *Le Printemps vient encor seconder vos desirs,*
„ *Et parer le séjour où vous daignez paraître.*

CHOEUR de la Suite du PRINTEMPS.

Rassemblons-nous dans ces Retraites,
Tendres Oyseaux, formez les concerts les plus doux :
Nous chantons de l'Amour les atteintes secretes,
Vous les ressentez comme nous.

ARETHUSE.
Prologue.
de Messieurs
Danchet, &
Campra.

LA FELICITE'.

Pour rendre ce séjour plus beau,
En prenant un chemin nouveau
Les Nymphes ont conduit leurs ondes :
La Nature à leurs cours s'oppoſoit vaincment,
Les Rochers orgueilleux, les Cavernes profondes,
Tout cede à leur empreſſement.

Vous, que l'art tient captives,
Sortez, Ondes, ſortez, lancez-vous juſqu'aux Cieux
Et vous que le plaiſir de reſter en ces lieux
Vient de rendre moins fugitives,
Par de nouveaux objets enchantez tous les yeux.

Le Théatre s'embellit de Caſcades.

Sur cette riante verdure,
Formez mille charmants ruiſſeaux,
Coulez, & par un doux murmure
Répondez au chant des Oyſeaux :

Réveillez les Echos de ces ſombres Boccages,
Faites briller les Fleurs le long de ces Rivages ;
Que l'on doute en voyant ces lieux,
Si ce n'eſt point icy la demeure des Dieux.

LE PRINTEMPS.

Secondez nos deſſeins, Zephirs faites éclore,
Toutes les richeſſes de Flore

Le Théatre s'embellit de toutes ſortes de Fleurs.

LA FELICITE' & LE PRINTEMPS.

Que l'on doute en voyant ces lieux,
Si ce n'est point icy la demeure des Dieux.

LA FELICITE'.

Que le cœur qui n'a point aimé
Aujourd'huy s'enflâme & soupire,
Que le cœur qui s'est enflâmé
Suive encor l'amoureux Empire.

CHOEUR.

Que le cœur qui n'a point aimé
Aujourd'huy s'enflâme & soupire,
Que le cœur qui s'est enflâmé
Suive encor l'amoureux Empire.

LA FELICITE'.

Voycy la saison des beaux jours,
Aux plus doux plaisirs tout conspire;
Venez, vous livrer aux Amours,
C'est le Printemps qui les inspire.

CHOEUR.

Que le cœur qui n'a point aimé
Aujourd'huy s'enflâme & soupire,
Que le cœur qui s'est enflâmé
Suive encor l'amoureux Empire.

PROLOGUE. v

LA FELICITE'.

L'Amour sur l'émail de ces fleurs,
Et sous ces tranquiles ombrages,
Vient demander à tous les Cœurs
Et des soûpirs, & des hommages :

C H OE U R.

Que le cœur qui n'a point aimé
Aujourd'huy s'enflâme & soupire,
Que le cœur qui s'est enflâmé
Suive encor l'amoureux Empire.

LE PRINTEMPS à la FELICITE'.

»   *Regnez en paix dans cet azile,*
»*Un Roy qui pour tout prix de ses soins genereux,*
»   *Veut rendre l'Univers tranquile,*
».   *Y daigne proteger les Jeux.*

LA FELICITE', & les CHOEURS.

Qu'il partage à jamais la puissance des Dieux,
Qu'il commande aux Mortels dans une paix profonde;
Que les Dieux satisfaits de gouverner les Cieux,
Se reposent sur luy de l'Empire du monde.

FIN DU PROLOGUE.

ACTEURS
DE LA TRAGEDIE.

CALIPSO,	Mademoiselle Defmâtins.
EUCARIS,	Mademoiselle Armand.
THETIS,	Mademoiselle Maupin.
Nymphe de CALIPSO,	Mademoiselle Maupin.
MINERVE,	Mademoiselle Du Peyré.
VENUS,	Mademoiselle Bataille.
TELEMAQUE,	Monfieur Pouffin.
NEPTUNE,	Monfieur Dun.
UN *Plaifir*,	Monfieur Boutelou.
Premier SONGE,	à la Suite Monfieur Chopelet.
Second SONGE,	de Monfieur Hardoüin.
Troifiéme SONGE,	MINERVE. Monfieur Defvoix.
UNE BERGERE,	Mademoiselle Bataille.

La Scene eft dans l'Ifle de CALIPSO.

DIVERTISSEMENTS
de la Tragedie.

PREMIER ACTE.

SUITE DE VENUS.

Mademoiselle de Subligny.
Mesdemoiselles le Févre, & Morancour.

PLAISIRS.

Messieurs Germain, & Dumoulin-L.

JEUX.

Messieurs, Bouteville, & Dangeville-L.

AMOURS.

Messieurs Pieret, la Porte, Gillet, & Salé.

DEUXIE´ME ACTE.

FESTE MARINE.

Monsieur Balon, & Mademoiselle de Subligny.

Monsieur Dumoulin-C.

Messieurs Blondy, Ferrand, Levesque, & Dangeville-L.

Mesdemoiselles le Févre, Provost, Bassecour,
& le Comte.

GONDOLLIERS.

Messieurs Dangeville-C., Marcel, & Javiliers.

TROISIE'ME ACTE.
DE'MONS.

Monſieur Blondy.

Meſſieurs Ferrand, Dumoulin-L., Marcel, Dangeville-L.,
Dangeville-C., & Javillier.

QUATRIE'ME ACTE.
SONGES AGREABLES.

Meſſieurs Bouteville, Dumoulin-C., & Léveſque.

Meſdemoiſelles Dangeville, Morancour,
& Baſſecour.

CINQUIE'ME ACTE.
BERGERS, & BERGERES.

Monſieur Balon.

Meſſieurs Bouteville, Germain, Dumoulin-L.,
& Dangeville.

Meſdemoiſelles Dangeville, Provoſt, Morancour,
& le Comte.

TE'LE'MAQUE.

TELEMAQUE,
TRAGEDIE.
FRAGMENTS DES MODERNES.

ACTE PREMIER.

Le Théatre repréſente les Jardins de CALIPSO.

SCENE PREMIERE.
CALIPSO, ſeule.

JE ne me connois plus ! quelle nouvelle ardeur
    Se rend Maîtreſſe de mon cœur ?
    Qui peut me cauſer ces allarmes ?
Doux & tranquiles Vœux, qu'êtes-vous devenus ?
Le ſort offre à mes yeux un Vainqueur plein de charmes,
Et depuis ce moment je ne me connois plus.

ASTRE'E,
Act 2. Sc. 1.
de Meſſieurs
la Fontaine,
& Collaſſe.

A

SCENE DEUXIÈME.

CALIPSO, EUCARIS.

EUCARIS.

DEesse, cherchez-vous ici la solitude ?

CALIPSO,

Je me laisse conduire à mon inquietude.

» Que fait le Fils d'Ulysse ? helas ! en ce moment
     Je vois qu'en secret tu me blâmes
D'avoir livré mon cœur à de nouvelles flâmes,
Eucaris, qui n'auroit combattu vainement
    Contre les traits dont il a sçû m'atteindre ?
Il alloit expirer, l'onde venoit d'éteindre
     Le vif éclat de ses attraits ;
     La pitié luy prêta ses traits.
» Ulysse à mon amour fut toûjours insensible,
» J'espere avec son Fils un sort moins rigoureux.

EUCARIS.

» Ciel ! qu'entends-je ? cachons & mon trouble &
mes feux.

à CALIPSO.

» Neptune vous adore, un Rival si terrible...

CALIPSO.

» *Non , non, tout son pouvoir ne sçauroit m'allarmer ;*
» *J'aime un Vainqueur charmant, je veux m'en faire*
   aimer :
» *J'ay sçû rendre Venus à mes vœux favorable ,*
» *Il brave son pouvoir , elle doit l'enflâmer ,*
» *Et le rendre amoureux autant qu'il est aimable.*

    J'entends d'agreables concerts ;
      Une clarté plus pure
      Se répand dans les airs ,
  Un nouveau charme embellit la nature ,
      Et pare l'Univers :
C'est Venus qui descend, tout me fait reconnoître
    La Déesse de la Beauté ,
    Et quelle autre Divinité
Peut annoncer ainsi, qu'elle est preste à paroître ?

ENE'E, &
LAVINIE.
Act. 4. Sc. 4.
de Messieurs
Fontenelle,
& *Collasse.*

SCENE TROISIEME.

VENUS, CALIPSO, EUCARIS, PLAISIRS, ET GRACES.

VENUS.

"   *L'Amour a servi ma vengeance,*
"   *Un cœur fier qui bravoit mes loix,*
"   *Se rend enfin à ma puissance ;*
" *Et mon Fils en ce jour le force à faire un choix.*

Danses des GRACES, & des PLAISIRS.

UN PLAISIR.

Que tes dons sont charmants, Déesse de Cythere,
Trop heureux qui les peut recevoir !
La Beauté soûmet tout, dés qu'elle se fait voir,
C'est régner que de plaire.
Que tes dons sont charmants, Déesse de Cythere,
Quand on a des appas, que l'on a de pouvoir !

CHOEUR.

Que tes dons sont charmants, Déesse de Cythere,
Quand on a des appas, que l'on a de pouvoir !

VENUS, & les CHOEURS.

A peine Jupiter en lançant le Tonnerre
Peut s'attirer les respects de la Terre :
Sans effort deux beaux yeux
Se les attirent mieux.

VENUS, à sa Suite.

» *Des hommages nouveaux m'attendent à Cythere,*
» *Zéphirs, conduisez-moy dans ma brillante cour;*
» *Vous qui m'avez suivie en cet heureux séjour,*
» *Graces, aimables Jeux empressez, à me plaire,*
»   *Faites-y triompher l'Amour.*

Les Zéphirs enlevent VENUS.

SCENE QUATRIE'ME.

CALIPSO.

» *TElémaque ressent une amoureuse flâme!*
» *Eucaris, je sçauray qui regne sur son âme,*
» *Ma gloire à ses regards doit offrir des appas,*
»   *Si ma beauté ne peut luy plaire :*
» *Allons, & de son cœur pénétrons le mistere,*
» *Amour, dans mon espoir ne me séduisez pas.*

Elle sort.

SCENE CINQUIEME.

EUCARIS, seule.

»   QUe j'ay souffert à me contraindre!
» De ce jeune Heros je possede le cœur,
» Mais ma Rivale enfin, peut troubler mon bonheur;
»   Elle est Déesse, & j'en ay tout à craindre.

CANENTE.
Act 2 Sc. I.
de Messieurs
la Motte, &
Collasse.

Coulez, tranquilles Eaux, volez, charmants Zéphirs,
Ne vous arrestez plus : ma voix n'a point de charmes;
Mon cœur depuis qu'il aime éprouve trop d'allarmes,
L'Echo ne répond plus qu'à mes tristes soûpirs.

On veut à mon Amant offrir le rang suprême;
Je crains que la grandeur ne borne ses desirs,
La crainte suit toûjours une tendresse extrème,
    Quand rien ne trouble mes plaisirs,
Mon cœur se plait à se troubler luy-même.

Coulez, tranquilles Eaux, volez, charmants Zéphirs,
Ne vous arrestez plus : ma voix n'a point de charmes;
Mon cœur depuis qu'il aime éprouve trop d'allarmes,
L'Echo ne répond plus qu'à mes tristes soupirs.

»   Cherchons cet Amant que j'adore,
» Aux soins de ma Rivale opposons mon ardeur,
» Contre la gloire, Amour, Dieu charmant que
    j'implore,
»   Pren soin de deffendre son cœur.

FIN DU PREMIER ACTE.

ACTE SECOND.

Le Théatre représente un Boccage,
& dans l'éloignement la Mer.

SCENE PREMIERE.
CALIPSO, TE'LE'MAQUE.

CALIPSO.

Oyez, jeune Heros, nos Jardins & nos Bois,
Qui ne croiroit que Flore en a fait son empire ?
De ces Oyseaux qu'Amour inspire,
Ecoûtez les charmantes voix,
A calmer vos ennuis en ces lieux tout conspire :
Cependant c'est en vain que tout vous fait la cour ;
Nos soins, nos vœux, ce beau séjour,
N'ont point d'agrément qui vous flatte.
Mon cœur a trop sujet de se plaindre de vous ·
Faut-il que sans effet ma présence combatte
Cette tristesse ingrate,
Que vous osez conserver parmi nous.

ASTRE'E
Act. 2. Sc. 3.
de Messieurs
la Fontaine,
& Collasse.

TELEMAQUE.

Déeſſe, ma douleur n'eſt point en ma puiſſance ;
Je ſors, vous le ſçavez, du plus affreux danger,
Puis-je m'empêcher d'y ſonger ?

CALIPSO.

Songez plûtôt à ma préſence,
C'eſt la ſeule reconnoiſſance
A quoy je veux vous engager ;

Vous ſoupirez, vous vous plaignez ſans ceſſe,
  „   *Si c'eſt de l'Amour qui vous bleſſe,*
Aimez, vous pouvez faire un choix rempli d'appas.
A ſouffrir des rigueurs quel cœur peut vous contraindre ?
Helas ! le mien ne comprend pas
Que vous deviez jamais vous plaindre.

  „   *Quel trouble paroît dans vos yeux ?*
„ *Vous ne répondez point ?*

EUCARIS qui écoûtoit CALIPSO,
vient l'interrompre.

SCENE II.

SCENE DEUXIE'ME.

EUCARIS, CALIPSO, TE'LE'MAQUE.

EUCARIS, en interrompant CALIPSO.

» *NEptune est dans ces lieux,*
» *Déesse, fuyez sa présence.*

CALIPSO, à TELEMAQUE.

» *Venez, Prince, suivez mes pas,*
» *Ulysse a de Neptune irrité la vengeance,*
» *Pour vous de sa fureur je craindrois les éclats.*

Elle sort avec TE'LE'MAQUE.

EUCARIS.

» *Helas! pour luy parler mon soin est inutile;*
» *Je voulois à ses yeux faire voir ma frayeur;*
» *   Mon amour seroit plus tranquile,*
» *Si de nouveaux serments m'assuroient de son cœur.*

C'est le Dieu des Mers qui s'avance,
Tout paroît s'animer en ce jour charmant,
*   Les flots par leur frémissement,*
De leur auguste Maitre annoncent la présence.

ARETHUSE.
Act. 2. Sc. 2.
de Messieurs
Dancher
& Campra.

SCENE TROISIE'ME.

NEPTUNE, EUCARIS.

NEPTUNE.

» 　　　*Tous les fleuves de l'Univers,*
» *Et les Dieux que je tiens sous mon obeïssance,*
» *Vont célebrer le jour où Venus prit naissance,*
» *Je veux que dans ces lieux ils forment leurs concerts.*

» 　　　*Vous sçavez quel feu me dévore,*
» *Lorsque ma Cour icy brille de toutes parts,*
» *Trop heureux si je puis attirer les regards*
» 　　　*De la Déesse que j'adore!*

SCENE QUATRIE'ME.

NEPTUNE, EUCARIS, THETIS,
Troupe de Fleuves, & de Matelots.

NEPTUNE.

Que dans un si beau jour rien ne trouble nos jeux,
Qu'Eole en ses prisons sous des masses pesantes,
Enchaîne le couroux des vents impetueux,
Qu'ils grondent vainement dans leurs Antres affreux,
De voir leurs fureurs impuissantes.

Et vous, Fleuves, qui chaque jour
Aprés des courses vagabondes,
Des bouts de l'Univers venez tous à ma Cour
Payer le tribut de vos ondes,
Suspendez vôtre cours; vous devez avec nous
Partager des plaisirs si doux.

NEPTUNE, THETIS, & LES CHOEURS.

Célébrons le jour glorieux
Où l'on a vû sortir de l'Onde
Les délices des Cieux,
Les plaisirs, & l'amour du Monde.

NEPTUNE.

Mortels , dont l'art ingénieux
Sur l'empire des flots s'est ouvert un passage ,
Neptune vous permet de paroître en ces lieux ,
Uniſſez-vous avec les Dieux ;
A la Mere d'Amour venez-tous , rendre hommage.

Entrée de MATELOTS.

THETIS.

Tout s'embellit dans ce séjour ;
Tout célebre avec nous la Mere de l'Amour.

Les vents tranquiles dans leurs chaînes
Laiſſent en paix le ſein des mers ;
Le Zéphir regne ſeul ſur les humides plaines
De l'aimable chant des Sirenes
On entend retentir les airs ;
Malgré la douleur qui la preſſe ,
Alcione à leur voix vient mêler ſes accents ,
Et pour former de plus doux chants ,
Rallume dans ſon ſein ſa premiere tendreſſe ;

Tout s'embellit dans ce séjour ;
Tout célebre avec nous la Mere de l'Amour.

Entrée de NEREIDES.

THETIS.

Jeunes Cœurs, pour fuir le naufrage,
Que l'espoir regle vôtre cours ;
Pour vous guider pendant l'orage,
Prenez le flambeau des Amours.

Tôt ou tard une ame constante
En aimant goûte un heureux sort ;
C'est quelque fois par la tourmente,
Que l'on est conduit dans le port.

NEPTUNE à EUCARIS.

„ *Je ne vois point l'Objet de mes vœux les plus doux,*
„   *Qui peut nous ravir sa présence ?*
„ *Vous semblez interdite ?*

EUCARIS.

„   *En gardant le silence,*
„ *Je veux vous épargner les plus sensibles coups.*

SCENE CINQUIE'ME.

N E P T U N E, ſeul.

» *L*es plus ſenſibles coups! que veut-elle m'apprendre?
» Que ce diſcours me jette en un trouble fatal !
» Inhumaine, au mépris de l'amour le plus tendre
» Vôtre cœur oſe-t'il m'oppoſer un Rival ?

» Ce n'eſt point un Mortel qui me fait cette offenſe,
» Non, non, il n'en eſt point d'aſſez audacieux ;
»   Quel eſt celuy d'entre les Dieux
»   Qui brave ma puiſſance ?
» Il n'évitera point mes tranſports furieux.
» Plûtôt que de ſouffrir un ſi ſenſible outrage,
» Mon pouvoir va confondre & la Terre & les Mers;
» On verra par l'effort de ma jalouſe rage,
» Dans ſon premier cahos rentrer tout l'univers.

FIN DU SECOND ACTE.

ACTE TROISIE'ME.

Le Théatre repréſente le Palais
de CALIPSO.

SCENE PRE'MIE'RE.

TE'LE'MAQUE, EUCARIS.

TE'LE'MAQUE.

» NOn, l'éclat des grandeurs ne peut toucher
　　　mon ame,
» Je fais tout mon bonheur de vivre dans vos fers,
»　　Le plaiſir qui nait de ma flâme,
»　　Vaut l'empire de l'univers.

EUCARIS.

» Que ce jour m'a cauſé de cruelles allarmes !
» Mais vous m'aimez, toûjours ; eſt-il un plus doux ſort !

TE'LE'MAQUE.

»　　Des feux allumez par vos charmes
»　　Ne s'éteignent que par la mort.

Ah! que d'attraits! que de graces nouvelles!
A voir ce vif éclat que mes vœux sont contents!
 Des fleurs que produit le Printemps
 Les couleurs ne sont point si belles.
Ah! que d'attraits! que de graces nouvelles!

EUCARIS.

Si j'ay quelques appas assez vifs pour toucher,
 S'ils brillent plus qu'à l'ordinaire;
 Cet avantage ne m'est cher,
 Que par la gloire de vous plaire.

TE'LE'MAQUE.

Quels feux nouveaux dans mon cœur
Cette assûrance fait naître!
N'a-t-il point assez d'ardeur?
Pourquoy chercher à l'accraître?

EUCARIS.

 Si cette ardeur peut s'augmenter,
Croyez-vous qu'en vouloir borner la violence,
 Ce ne soit pas une offense
 Capable de m'irriter?

 D'un amour qui se ménage
 Les cœurs tendres sont blessez;
 Malgré les vœux empressez,
 Qui m'assurent vôtre hommage,
 Pouvant m'aimer davantage,
 Vous ne m'aimez pas assez.

TE'LE'MAQUE.

TE'LE'MAQUE.

Non, jamais tant d'ardeur, jamais flâme si belle
N'embrâsa le cœur d'un Amant.

EUCARIS.

C'est peu d'y voir un sort charmant,
Cette ardeur doit être éternelle.

TE'LE'MAQUE.

Ah! j'en fais icy le serment.
Puisse l'Amour dans sa juste colere
Exercer contre moy sa plus grande rigueur,
Si jamais il trouve mon cœur
Détaché du soin de vous plaire.

ENSEMBLE.

Puisse l'Amour dans sa juste colere
Exercer contre luy sa plus grande rigueur,
Si jamais il trouve mon cœur
Détaché du soin de vous plaire.

C

SCENE DEUXIE'ME.

CALIPSO, TE'LE'MAQUE, EUCARIS.

Suite de CALIPSO.

CALIPSO.

„   *Qu'ay-je entendu? tremblez, Perfides,*
„ *La haine & la fureur vont me servir de guides.*

à SA SUITE.

„ *Vous qui m'obeïssez, éloignez cet Amant.*

à EUCARIS.

„ *Et Toy, demeure en proye à mon ressentiment.*

Vous qui vengez les Dieux, vous que la rage anime,
Qui semez à leur gré l'épouvante & l'horreur,
Venez, rassemblez-vous, voilà vôtre Victime;
Inventez des tourments dignes de ma fureur.

Employez le fer, & la flâme
Présentez à ses yeux un horrible séjour;
Que l'effroy, que l'horreur s'empare de son ame,
N'y laissez point de place pour l'Amour.

Le CHOEUR répete.

Entrée de FURIES qui tiennent des flambeaux allumez,
& viennent épouvanter EUCARIS.

CALIPSO.

Je vous laisse le soin de vaincre sa constance,
Je vais chercher l'Objet qui s'obstine à l'aimer,
Et je reviens consommer ma vengeance,
Si son cœur plus soûmis n'aime mieux la calmer.

CANENTE.
Act. 3. Sc. 2.
de Messieurs
la Motte, &
Collasse.

SCENE TROISIE'ME.

EUCARIS, Troupe de FURIES.

EUCARIS.

OU suis-je ? helas ! qui prendra ma deffense ?

CHOEUR.

Employons le fer & la flâme,
Presentons a ses yeux un horrible séjour ;
Que l'effroy, que l'horreur s'empare de son ame,
N'y laissons point de place pour l'Amour.

EUCARIS.

Cedez, Cruels, cedez à mes tristes accents ;
Calmez un transport qui m'allarme ;
Laissez toucher vos cœurs, laissez charmer vos sens,
Que la pitié, que l'Amour vous désarme.

Ne me préparez point de funestes Buchers ;
Que mes tendres accords rendent vos cœurs paisibles.
Mes maux pourroient attendrir les Rochers,
Serez-vous encor moins sensibles ?

Cedez, Cruels, cedez à mes tristes accents.
Calmez un transport qui m'allarme ;
Laissez toucher vos cœurs, laissez charmer vos sens ;
Que la pitié, que l'Amour vous désarme.

❧

C ij

SCENE QUATRIE'ME.

NEPTUNE, EUCARIS.

NEPTUNE, aux FURIES.

» *Calmez ce vain transport, Démons, disparoissez,*
»   *Neptune ordonne, obeissez.*

» *L'Inhumaine ose encore exercer sa vengeance !*

à EUCARIS.

» *Ne craignez rien, vos jours ne sont plus en danger,*
»   *Une ingrate Beauté m'offense ;*
»   *C'est à moy seul de me venger.*

FIN DU TROISIE'ME ACTE.

ACTE QUATRIEME.

Le Théatre repréfente une Valée
agréable.

SCENE PREMIERE.

NEPTUNE, feul.

Ous qui ne fouffrez point les peines
Qui déchirent les cœurs jaloux,
Quelque foit le poids de vos chaînes
Amants, que vôtre fort eft doux !

Carnaval
de Venise.
Act. 2. Sc. 1.
de Meffieurs
Renard, &
Campra.

Deux Tyrans en mon cœur exercent leur furie ;
L'Amour, le tendre Amour
Y fait naître la jaloufie,
Et mes jaloux tranfports par un cruel retour
Y font mourir l'Amour qui leur donne la vie.

Vous qui ne fouffrez point les peines
Qui déchirent les cœurs jaloux,
Quelque foit le poids de vos chaînes
Amants, que vôtre fort eft doux !

SCENE DEUXIE'ME.

NEPTUNE, MINERVE.

NEPTUNE, à part.

» *LA mort de mon Rival remplira ma vengeance*

MINERVE.

» *De ce jaloux transport calmez la violence,*
» *Minerve prend soin de ses jours.*

NEPTUNE.

» *Aux Mortels contre moy, donnez-vous du secours?*

MINERVE.

» *Celle qui vous trahit est la seule coupable,*
» *Jamais vôtre Rival ne partagea ses feux.*
» *Vous pourriez le punir, s'il étoit amoureux;*
» *Mais devez-vous le punir d'être aimable?*
»   *Cessez de craindre ce Rival;*
» *Je viens pour l'arracher de ce séjour fatal:*
» *Lorsqu'il doit voler a la gloire,*
» *Dans un honteux repos il en perd la mémoire:*
» *Il est dans ces forests, je veux luy faire voir*
» *Ce qu'exige de luy l'honneur, & le devoir.*

ARIANE.
Act. 3. Sc. 3.
de Messieurs
Saint Jean,
& Marais.

  Vous dont la juste violence
  Sçait asservir tous les Humains,
  J'ay besoin de vôtre assistance,
  Dieux du sommeil, secondez mes desseins.

SCENE TROISIE'ME.

TE'LE'MAQUE, seul.

„ *Rien ne peut me calmer, ma frayeur est extrême,*
„   *Je crains pour la Beauté que j'aime*
„ *Ce que l'Amour jaloux peut inventer d'affreux,*
„   *Protegez des flâmes si belles,*
„   *Dieux, ne rendez point malheureux*
„   *Les cœurs les plus fideles.*

De ces tranquilles lieux rien ne trouble la paix,
     Les oyseaux gardent le silence ;
Les vents ne souflent plus que pour donner du frais,
     Et les ruisseaux coulent sans violence :
Flore de toutes parts étale ses attraits,
     Et les Zephirs d'une amoureuse haleine
     Portent l'odeur d'une brillante plaine
     Aux Boccages les plus épais :

     Dans cette aimable solitude
     Un doux sommeil surprend mes sens,
     Je cede à ses charmes puissants,
Luy seul peut de mon cœur calmer l'inquietude.

ARIANE.
Act. 3. Sc. 5.
de Messieurs
Saint Jean,
& Marais.

               Il s'endort.

SCENE QUATRIE'ME.

TE'LE'MAQUE, endormy.

MINERVE, LE SOMMEIL.

Troupe de SONGES.

TROIS SONGES.

LE Sommeil a mille douceurs,
Il endort quelque fois une douleur profonde ;
Mais l'Amour cause des langueurs
Et des pleurs.
Il faudroit le bannir pour le repos du monde.

CIRCE'.
Act. 3. Sc. 3.
de Madame
Xaintonge, &
Monsieur
Desmarests.

UN SONGE.

Va, fuy, jeune Heros, ces funestes climats ;
L'Amour montre à tes yeux tout ce qu'il a d'appas ;
Mais il te cache une peine cruelle.
Fuy pour jamais des charmes dangereux,
Crain de ce Dieu la douceur infidelle,
Crain le destin affreux
Des cœurs malheureux.

CHOEUR.

CHOEUR.

Tous les moments font périlleux
Dans ces lieux,
Fuy, fans tarder davantage,
La Mer n'a point d'écueils plus dangereux
Que ce Rivage
Où ta gloire a déja fait naufrage.

SCENE CINQUIEME.
MINERVE, TÉLÉMAQUE.

TÉLÉMAQUE.

" Ou suis-je ? qu'ay-je vû ! quel songe m'épouvante!
" Dans quel indigne état l'Amour m'a-t-il réduit !
" La severe raison dont le flambeau me luit ,
" M'ordonne de quitter la Beauté qui m'enchante:
" Helas !

MINERVE.

"   Il faut finir ces funestes combats.
"   Minerve à tes yeux se presente ,
"   Hâte-toy, ne balance pas.
" Il est temps de chercher une gloire éclatante ,
" Et de fuir pour jamais ces dangereux climats.

TÉLÉMAQUE.

"   C'est vous, favorable Déesse,
" C'est vous , qui dans mon sort interessant les Dieux,
" Avez de mille écüeils délivré ma jeunesse ;
" Qui vous a si long-temps dérobée à mes yeux ?

MINERVE.

"   Ton cœur pénétré de tendresse
"   Ne craignoit-il pas qu'en ces lieux
" Minerve ne te vint reprocher ta foiblesse ?

TE'LE'MAQUE.
»   *Vous voyez le trait qui me bleße,*
» *J'en rougis ; mais helas ! je ne puis l'éviter,*
» *L'Amour par ses attraits…*

MINERVE.

»   *Vien, fuy pour le dompter.*

» *De l'Amour qui cõmence on peut vaincre les charmes,*
» *Mais on doit se hâter de combattre ses feux:*
» *Chaque iſtant qu'on differe à sortir de ses nœuds*
»   *Luy donne contre nous des armes.*

TE'LE'MAQUE.

»   *Je voy quel sera mon malheur*
» *Si je n'ecoûte pas un conseil favorable ;*
» *Mais qu'il eſt mal-aisé de bannir de son cœur*
»   *Un ennemi qui nous paroît aimable ?*

MINERVE.

» *Eſt-ce le Fils d'Ulyße, ô Ciel ! à ce diſcours*
»   *Puis-je le reconnaâitre ?*
»   *Indigne Eſclavage des Amours,*
» *Il oſe démentir le ſang qui l'a fait naître.*

TE'LE'MAQUE.

» *Ah ! ne méritons point ce reproche odieux ;*
»   *Je cours où votre voix m'apelle,*

» *Allons… mais je fremis en partant de ces lieux ;*
» *J'abandonne Eucaris, cette Nymphe ſi belle*
»   *Va d'une Rivale cruelle*
»   *Eprouver l'injuſte rigueur,*
» *Non, ne la livrons pas au plus cruel malheur.*

MINERVE.

» *Du Dieu des Mers la puiſſance immortelle*
»   *Se déclare pour elle;*
» *Et tu n'as déſormais à craindre que ton cœur.*

» *Contre toy Calipſo medite ſa vengeance,*
» *Sous un calme trompeur elle cache ſes feux,*
» *Mais c'eſt pour t'accabler des coups les plus affreux :*
»   *De cette flateuſe apparence,*
»   *Evite l'appas dangereux.*

TE'LE'MAQUE.

» *A vos divins conſeils mon ame s'abandonne,*
»   *Cherchons à fuir de ce ſejour.*

ENSEMBLE.

»   *Heureux quand la gloire l'ordonne,*
»   *Qui peut abandonner l'Amour!*

FIN DU QUATRIE'ME ACTE.

ACTE CINQUIEME.

Le Théatre repréfente les bords de la Mer.

SCENE PREMIE'RE.

CALIPSO, feule.

Ranfports de vengeance & de haine,
Succedez à l'amour qui regne dans mon cœur:

Mon Ingrat va pèrir, & fa mort eft certaine,
Peut-être en ce moment une main inhumaine....
    Je tremble je fremis d'horreur;
Barbares... Arreftez... vôtre fureur eft vaine,
L'Ingrat que vous percez caufe encor ma langueur.

    Tranfports de vengeance & de haine
Ne chaffez point l'amour qui flate encor mon cœur;

CARNAVAL DE VENISE.
Act. 3. Sc. 1.
de Meffieurs
Renard, &
Campra.

Mais il vit pour une autre! une pitié ſoudaine
Doit-elle s'oppoſer à mon dépit vengeur?
Miniſtres, qui ſervez le courroux qui m'entraine,
Frapez, & qu'en mourant cet Inſenſible apprenne
　　Que je l'immole à ma fureur.

　　Tranſports de vengeance & de haine
Succedez à l'amour qui regne dans mon cœur.

SCENE SECONDE.

CALIPSO, une Nimphe de CALIPSO.

LA NIMPHE.

» *J'Ay tout fait préparer pour la Feste nouvelle*
»   *Qui doit unir ces deux Amants;*
» *Vous venez d'acquerir une gloire immortelle,*
» *En renonçant pour eux à vos ressentiments.*

CALIPSO.

»   *Peux-tu penser que j'étouffe ma haine?*
» *Je feins de les unir, c'est pour les immoler;*
»   *On rend sa vengeance certaine*
»   *Quand on sçait la dissimuler.*

LA NIMPHE.

» *O Ciel!*

CALIPSO.

»   *Je souffrirois que l'Ingrat me dédaigne!*
» *Puisqu'il ne peut m'aimer, que du moins il me craigne.*

LA NIMPHE.

»   *Dans quel malheur vous allez vous plonger*
»   *En punissant l'Objet de vôtre flâme?*
» *Le regret que l'Amour fera naître en vôtre ame*
»   *Suffira seul pour le venger.*

CALIPSO.

Pourquoy l'Ingrat m'est-il contraire?
Que nous perdons tous deux de tranquiles plaisirs!
Sensible à son ardeur, contente de luy plaire,
Mon cœur charmé préviendroit ses desirs;

FESTES
GALANTES.
Act 1 Sc 3.
de Messieurs
Duché, &
Desmarests.

Pourquoy l'Ingrat m'eſt-il contraire?
Que nous perdons tous deux de tranquiles plaiſirs !

LA NIMPHE.

„ *L'Amour pouroit encor flater vôtre eſperance,*
„ *Par des vœux redoublez, implorez ſa puiſſance,*
„ *Peut-être il daignera terminer vos regrets.*
„

ENSEMBLE.

CANENTE.
Act 4. Sc. 2.
de Meſſieurs
la Motte, &
Collaſſe.

Amour, c'eſt trop troubler { *mon* / *ſon* } *ame.*

Vole, vien réparer les maux que tu { *me* / *luy* } *fais.*

Etein les feux, briſe les traits

Qu'on oppoſe à { *ma* / *ſa* } *flâme.*

CALIPSO.

» *L'Amour ne prend plaiſir qu'à me déſeſperer :*
» *En augmentant mes feux, il redouble ma rage ;*
» *Pour adoucir les maux qu'il me fait endurer*
» *Je ne dois plus ſonger qu'à laver mon outrage.*

Les FURIES paroiſſent ſous la figure
de BERGERS, & de BERGERES.

»   *Sous l'apparence des plaiſirs*
» *Tu vois pour me venger une troupe infernale ;*
» *Feignons encor : pren ſoin d'amener ma Rivale,*
» *Et cherche le Cruel qu'offenſe mes ſoûpirs.*

SCENE TROISIE'ME.

CALIPSO, Troupe de Furies transformées
en BERGERS & BERGERES.

CALIPSO.

Que tout ce qui me suit aux plaisirs s'interesse.

Chantez, Nymphes, chantez, appellez les Amours,
Que les Ris & les Jeux se presentent sans cesse,
Ils regnent dans ces lieux, qu'ils y regnent toujours.

CHOEUR.

Venez prendre part à nos Jeux,
Vous que l'Amour a sçû rendre sensibles,
Il va combler tous vos vœux,
Dans ces retraites paisibles.

UNE BERGERE.

Qui craint de ressentir d'amoureuses langueurs,
Doit s'éloigner de nos Boccages :
L'Amour est caché sous les fleurs,
Et sous les sombres feüillages.

UNE AUTRE.

L'Amour coûte des pleurs,
Il cause des allarmes ;
Mais pour goûter tout ce qu'il a de charmes,
Il faut avoir éprouvé ses rigueurs.

ULYSSE.
Act. 3. Sc. 5.
de Messieurs
Guichard, &
Rebel.

CIRCE'.
Act. 4. Sc. 7.
de Madame
Xaintonge, &
Monsieur
Desmarets.

E

CHOEUR.

ARE'THUSE.
Act. 3. Sc. 6.
de Messieurs
Danchet, &
Campra.

Chantons l'Amour, chantons le pouvoir de ses armes,
Il blesse les Mortels, il enchaine les Dieux ;
Il brûle au sein des Eaux, il regne dans les Cieux,
La Terre, les Enfers sont soûmis à ses charmes.

CALIPSO.

"   *D'où vient que l'on differe*
" *A m'offrir les Objets de ma juste colere*
" *Mais quels mugissements font retentir les airs,*
" *L'Onde fremit, je voy sortir le Dieu des Mers.*

NEPTUNE paroît sortant de la Mer.
LES BERGERS & les BERGERES disparoissent.

SCENE QUATRIE'ME.
NEPTUNE, CALIPSO.

NEPTUNE.

" *N'Attens plus ces Amants que tu pretens séduire,*
" *Ta Rivale en ma Cour brave tes vains efforts ;*
" *Télémaque a quitté ces bords,*
" *Eole sur les flots prend soin de le conduire.*
" *C'est assez te punir de me manquer de foy,*
" *A revoir ton Vainqueur tu ne dois plus prétendre :*
" *Perfide, j'ay voulu moy-même te l'apprendre,*
" *Pour goûter la douceur de me venger de toy.*

NEPTUNE rentre dans la Mer.

SCENE DERNIERE.

CALIPSO, seule.

AH ! quelle rigueur extrême !
  Dieux cruels, injustes Dieux,
Devez-vous employer vôtre pouvoir suprême,
  Pour m'empêcher d'arrester dans ces lieux
    L'Insensible que j'aime.

  Demeure, Ingrat, ne crains pas ma vengeance,
  Helas ! mon cœur plus tendre qu'irrité,
    Trouve encore ta cruauté
    Moins fatale que ton absence.

Un Barbare me fuit, il a quitté ces lieux :
Que le Ciel en courroux luy declare la Guerre,
Pour briser ses Vaisseaux qu'il arme le Tonnerre.
    Partez, volez, Aquilons furieux,
      Precipitez-les dans l'Onde,
Que mille affreux Rochers s'élevent sur ce bord ;
    Rendons pour jamais ce Port
    Inaccessible à tout le monde.

FIN DU CINQUIE'ME ET DERNIER ACTE.

CIRCÉ.
Act. 5. Sc. d.
de Madame
Xaintonge, &
Monsieur
Desmarets.